PAIDEIA
ÉDUCATION

MIXTE
Papier issu de sources responsables
Paper from responsible sources
FSC® C105338

PHILIPPE JACCOTTET

À la lumière d'hiver

Analyse littéraire

© Paideia éducation.

22 rue Gabrielle Josserand - 93500 Pantin.

ISBN 978-2-75930-468-4

Dépôt légal : Septembre 2023

Impression Books on Demand GmbH

In de Tarpen 42

22848 Norderstedt, Allemagne

SOMMAIRE

- Biographie de Philippe Jaccottet.................................. 9

- Présentation du recueil *À la lumière d'hiver*............. 15

- Résumé du recueil... 19

- Les raisons du succès... 27

- Les thèmes principaux.. 31

- Étude du mouvement littéraire................................... 37

- Dans la même collection... 41

BIOGRAPHIE DE PHILIPPE JACCOTTET

Philippe Jaccottet naît le 30 juin 1925 à Moudon, dans le canton de Vaud, en Suisse romande. Il y restera avec sa famille jusqu'à l'âge de huit ans. En 1933, par une volonté du père de Philippe de faciliter les études de ses enfants, les Jaccottet s'installent à Lausanne.

En 1940, âgé de quinze ans, Philippe Jaccottet offre à ses parents un manuscrit, *Flammes noires*, resté inédit depuis. Il fera un an plus tard une rencontre décisive, selon ses propres termes, lors de la remise du prix Rambert, le plus ancien prix littéraire romand. Il y découvre Gustave Roud, avec lequel il engage dès 1942 une correspondance et une amitié qui ne prendront fin qu'avec la mort du poète en 1976. Celui-ci partage avec lui sa passion pour la poésie romantique allemande et lui fait découvrir entre autres Hölderlin et Novalis, qu'il traduit. C'est au cours de cette même période et sous l'influence bénéfique de Roud que Jaccottet découvre la beauté de la nature et des paysages, thème qui s'inscrit dès lors comme central dans sa sensibilité poétique. Il se met également, par plaisir, à la traduction.

Après l'obtention de son baccalauréat, il poursuit des études de lettres à la faculté de Lausanne, et écrit en parallèle ses premiers poèmes qu'il fait paraître en périodique (*Les Iris* ; *Élégie* ; *Pour les ombres*), ainsi qu'une pièce de théâtre, *Perceval*, lue à la Guilde du livre. En mai 1945 est publié son premier livre, *Trois poèmes au démon*, qu'il désavoue presque aussitôt. Il obtient sa licence en 1946, mais ne souhaite pas enseigner.

Cette même année, il fait un voyage en Italie, et rencontre à Rome le poète Giuseppe Ungaretti dont il traduira de nombreux poèmes et essais, et avec qui il entretiendra également une riche correspondance. À l'automne, il gagne Paris où il s'installe rue du Vieux Colombier, dans le but de collaborer avec l'éditeur Mermod, rencontré à Lausanne en 1944. Il travaille sur des traductions (sa première étant celle de *Mort à Venise* de Thomas Mann) et des articles de presse.

Ce séjour parisien, qui dure jusqu'en 1953, permet à Jaccottet de rencontrer et de faire connaître par ses articles les poètes et les artistes de son temps : Francis Ponge, Yves Bonnefoy, André du Bouchet, Pierre Leyris et Henri Thomas pour ne citer qu'eux. Dans le même temps, il travaille toujours à son écriture, et commence petit à petit à trouver sa « voix ». Cette impression culmine avec l'édition en 1953, chez Gallimard dans la collection « Métamorphoses », du recueil qu'il considère lui-même comme marquant le début de son œuvre : *L'Effraie*. Il publie également durant cette période nombre d'articles de presse pour différentes revues littéraires et artistiques suisses dont *La Nouvelle Revue de Lausanne*, plus de quatre-cent cinquante en tout, parmi lesquels Jean-Pierre Vidal fera une sélection publiée en 1994 dans *Écrits pour papier journal, chroniques 1951-1970*.

L'année 1953 est donc une année charnière pour Philippe Jaccottet. Il quitte Paris pour aller vivre avec Anne-Marie Haesler, qu'il a épousée quelques mois plus tôt, à Grignan, dans la Drôme. De leur union naîtront deux enfants : Antoine en 1954 et Marie en 1960. Le travail de peintre de son épouse se conjugue à merveille avec sa nature poétique, et les jeunes mariés s'inspirent de la proximité de la nature et des paysages de la région, dans un entrelacement de leur art vers une « poursuite du réel ». Il continue de Grignan ses traductions et ses collaborations, notamment avec *La Nouvelle Revue française*, pour laquelle il écrira en vingt ans plus d'une centaine d'articles sur les poètes contemporains. Il traduit *L'Odyssée* d'Homère, les poèmes de Gongora, mais également Musil, Hölderlin, Rilke et Mandelstam parmi tant d'autres. En 1956, il reçoit à son tour le prix Rambert, qui sera suivi par beaucoup d'autres distinctions, et dont le discours de remerciement sera l'occasion pour lui de mettre en place « les éléments d'une poétique ».

Son second recueil, *L'Ignorant*, paraît deux ans plus tard. Bien que moins sombre que *L'Effraie*, il sera le préambule à une période de stérilité poétique qui affectera beaucoup Jaccottet, et qui durera quatre ans. Le poète tente de sortir de cette impasse par l'écriture en prose, et cette période verra la parution en 1961 de ses plus longs récits : *Éléments d'un songe* et *L'Obscurité*, où il traite directement de la crise qu'il traverse. Il découvre cette même année le haïku, forme poétique qui l'émerveille et dont il s'inspire pour les « poèmes-instants » brefs et denses qui constituent la matière du recueil *Airs* (1967) que Jaccottet considère comme son œuvre la plus aboutie.

Les années soixante-dix sont pour Jaccottet une période dominée par la perte de plusieurs de ses proches et amis poètes, dont celles de sa mère et de son beau-père, qui donneront lieu aux livres de deuil que sont *Leçons* et *Chants d'en bas*. Sa poésie prend un tour pessimiste, cependant contrebalancé par son amour de la nature et du monde, évoqués dans *À la lumière d'hiver* (1977).

Cette poétique perdure dans les parutions qui jalonnent les années qui suivent jusqu'au dernier recueil qu'est *Ce peu de bruits* paru en 2008, dont « L'Obituaire » évoque de nouveaux décès. Le poète avait auparavant regroupé ses carnets de poèmes de 1954 à 1979 dans *La Semaison*, paru en 1984. L'isolement de Grignan n'empêche pas de nombreuses amitiés avec les artistes contemporains, et de nombreux peintres viennent y travailler, générant un dialogue entre peinture et poésie qui prend une importante part dans le travail et l'œuvre du poète.

En 2011, Philippe Jaccottet publie dans la collection « Poésie » de Gallimard son anthologie personnelle, *L'Encre serait de l'ombre*, qui regroupe des textes écrits entre 1946 et 2008.

PRÉSENTATION DU RECUEIL
À LA LUMIÈRE
D'HIVER

Philippe Jaccottet publie *À la lumière d'hiver* en 1974, dans la collection « Poésie » de Gallimard. À ce court recueil s'ajouteront *Leçons, Chants d'en bas* et *Pensées sous les nuages* pour une réédition, toujours chez Gallimard, en 1994. Le recueil est composé de temps, d'abord le poème liminaire *Dis encore cela...* qui s'inscrit comme une sorte d'introduction, puis les deux parties de *À la lumière d'hiver*.

La première partie compte 4 poèmes qui traitent de la mort et du temps qui passe, en réponse à *Chants d'en bas*. Ils offrent une alternative à la mort, un ailleurs permettant la permanence de toute chose, dans un monde parallèle, un ailleurs cependant mêlé au monde réel.

La deuxième partie compte dix poèmes où Jaccottet développe cette idée d'un ailleurs en faisant le lien entre l'horreur de la mort et la beauté de la nature au sein de ce qui représente pour lui la saison de la lucidité, de la clairvoyance, la saison où la vérité se révèle : l'hiver.

On l'aura compris, le titre du recueil exprime cette idée que l'hiver, le froid, la neige éclairent d'une lumière nouvelle le rapport du poète au monde, à la vieillesse et à la mort. Aussi surprenant que cela puisse paraître, c'est un recueil d'où se dégage un sentiment d'espoir et d'admiration pour la beauté de la nature. Jaccottet y transpose un certain panthéisme, source d'une poésie brève, modeste et éclatante.

RÉSUMÉ DU RECUEIL

À la lumière d'hiver se divise en deux parties « I » et « II », précédées d'un poème liminaire intitulé *Dis encore cela...* Chaque partie comporte plusieurs poèmes sans titres que nous qualifierons de pièces et que nous présentons ici dans l'ordre.

Dis encore cela...

Le poème affirme une volonté de parler encore, de continuer l'existence par la parole, de tromper la mort, « en défi aux bourreaux », malgré le temps qui passe. Le poète s'adresse à une personne indéfinie, « toute victime sans nom » et utilise pour ce faire l'impératif : « Espère encore... » Il souhaite que la parole « échappe » à « l'espace où la balle de la mort ne dévie jamais » et soit entendue, dans quelque autre endroit inconnu. Il souhaite que cet endroit, « mêlé au monde que nous traversons » et « que rien ne mesure » existe, pour « qu'encore il soit possible d'aimer la lumière », de la voir telle qu'elle est réellement, « et non pas rien que sa trace de cendre ».

À la lumière d'hiver, I

Pièce 1 :

Le poète évoque la légèreté de la langue par rapport au poids du réel, de la mort et du vieillissement : « Trop facile de jongler avec le poids des choses une fois changées en mots ! » Il accuse les poètes de s'illusionner : « On prétendait se vêtir d'air comme les oiseaux et les saints » par les mots. Il continue « néanmoins » de dire, de parler, de faire vivre la parole, malgré le dénuement qui la caractérise à présent, malgré la trahison de « tous les magiciens et tous les dieux ».

Il « insiste » sur son chemin, bien qu'il « ne sache plus les mots », même sachant sa direction probablement erronée.

Pièce 2 :

Le poète affirme, sous forme d'un témoignage (« oui, oui c'est vrai »), avoir constaté l'œuvre de la mort et du temps sur lui et ses proches, mais se refuse à parler de la douleur, car il « en aurait trop long à dire ». Il affirme également qu'il existe « quelque chose » que la mort ne peut atteindre.

Pièce 3 :

Le poète implore qu'on le « lapide » avec les « pierres du temps » pour trouver le moyen de sa subsistance, le « quelque chose » dont il parle dans le précédent poème, un espace en dehors de la vie. Il conclut le poème en s'interrogeant sur la coexistence de cette « pensée » et de la réalité du « corps ».

Pièce 4 :

La première strophe du poème décrit la parole poétique comme contrainte et affaiblie par la vieillesse. Le poète poursuit en évoquant « l'inanité de l'homme », mise en relation avec le vide de la parole, « comme aveugle », « tournant sans fin sur elle-même ». Il termine en se demandant si la fonction de la parole est de « faire sentir ce qui leur échappe » (aux mots), avant d'en perdre « le juste usage » à mesure que « le jour de mes yeux » baisse.

À la lumière d'hiver, II

Pièce 1 :

Le poète invoque le froid hivernal, son « air noir et frais », dans « ce jardin » où le temps et la nuit sont matérialisés et l'accompagnent pour quelques pas vers l'inconnu. La nuit est alors comparée par le poète à une « grande femme de soie noire dont les regards brillent encore ». Celle-ci révèle alors « autre chose de plus caché, mais de plus proche... ». La nuit dans ce jardin crée un autre monde, un ailleurs pur (« L'obscurité lave la terre »), un espace dont « l'air limpide » s'affranchit de toute notion de temps et de distance, où le poète recueille « le parfum rapide » de la « fraîcheur obscure ».

Pièce 2 :

Le poème évoque « une étrangère » issue des rêves et habitante de la nuit (« - ou si cette soie noire était déjà sa peau, sa chevelure ? - ») qui s'immisce dans les paroles du poète. Il tente en vain de la rejoindre avant le jour, et se défend de son désir de la voir encore avant de la quitter « sans qu'elle m'ait aperçu ». Il se remettra alors à écrire, avec si possible « des mots plus pauvres et plus justes ».

Pièce 3 :

Le poème débute avec une image de la nature en novembre. Que ce soit les nuages, « oiseaux sombres » ou la terre, « tombe et déjà berceau des herbes », un « secret » toujours bruissant semble les lier. Le poète invite alors le lecteur à « mieux écouter », et à puiser dans « l'eau invisible » « cette lumière qui ne s'éteint pas la nuit ».

Pièce 4 :

Le poète se demande si « le laboureur » verra « croître en mars » « une herbe autre que l'herbe ».

Pièce 5 :

Le poète se demande s'il doit s'ingénier à conserver certaines parties de rêves « comme on garde la flamme d'être par le vent ruinée ». Il n'a pas « perdu encore la pensée » de ces instants oniriques, mais le réveil le replonge bientôt dans la réalité dont il se demande si elle est constituée d'une « eau amère ou douce à boire ».

Pièce 6 :

Le poème évoque les larmes qui « quelques fois montent aux yeux », « une eau que la peine a salée ». Le poète demande aux « dieux lointains » la « seule grâce » d'en faire l'engrais d'un « blé inépuisable ».

Pièce 7 :

Le poète livre les images qu'évoque en lui « l'hiver, le soir », dehors.

Pièce 8 :

Le poète s'interroge une fois encore sur l'existence de ce « quelque chose » sensible, « comme une lumière », montée « par vagues » de « beaucoup plus bas », et sur sa rencontre avec « d'autres vols, plus blancs ». Il espère que le lecteur, le monde, le voit aussi.

Pièce 9 :

Le poète souhaite que la neige descende lentement sur « tout cela », et qu'elle fasse « le sommeil des graines » « plus patient ». Le monde aurait « cependant » conscience de l'existence du soleil. Dans ses conditions le poète pourrait se ressouvenir « de ce visage », et le « louer » à nouveau.

Pièce 10 :

Le poème évoque la vision du poète jusqu'à son endormissement, lui-même observé par les « seuls yeux sans paupières d'autres astres ».

LES RAISONS
DU SUCCÈS

En 1974, lorsque paraît *À la lumière d'hiver* (réédité en 1994 par Gallimard avec, en adjonction, *Leçons, Chants d'en bas* et *Pensées sous les nuages*), Marcel Pagnol meurt et Romain Gary publie, quant à lui, son célèbre roman *La Vie devant soi*. En poésie, Jean-Pierre Desthuilliers publie *Le Cristal opaque*.

Le poète suisse traverse alors une période assez sombre avec plusieurs décès d'amis et de proches. Si *Leçons* et *Chants d'en bas* rendent hommage à ces personnes en poétisant la mort, *À la lumière d'hiver* marque une certaine rupture avec cet état d'esprit et un renouveau de la poétique de Jaccottet. Il cherche désormais à intégrer ces pertes, à les accepter et à en tirer des considérations positives. Présentant l'hiver comme la saison de la lucidité et de la clairvoyance, Jaccottet exprime avec ce recueil son questionnement sur l'ailleurs, sur l'existence permanente d'une autre réalité, parallèle mais à la fois présente dans le monde.

Le poète, qui traduit Hölderlin et écrit des articles pour la collection *Poètes d'aujourd'hui* livre un recueil salué par la critique, mais qui passera presque inaperçu en librairies. Son influence sur la poésie moderne, bien qu'elle commence à être reconnue, ne prendra sa réelle ampleur que de nombreuses années plus tard, avec entre autres le Grand Prix national de Poésie qu'il reçoit en 1995. *À la lumière d'hiver* sera, avec *Poésie 1946-1967*, inscrit pour la première fois à l'agrégation de lettres modernes pour le concours de l'année 2003-2004.

LES THÈMES PRINCIPAUX

À la lumière d'hiver suit directement deux autres séries de poèmes, *Leçons* et *Chants d'en bas*, écrits la même année. Les trois recueils sont d'ailleurs regroupés et suivis de *Pensées sous les nuages* dans l'édition Gallimard de 1994. Il convient donc d'étudier le présent recueil en relation avec ceux qui lui sont traditionnellement associés, puis de se pencher plus précisément sur la quinzaine de poèmes constituant *À la lumière d'hiver*.

Les trois recueils, *Leçons*, *Chants d'en bas* et celui dont nous donnons ici l'étude ont été écrits dans un état d'esprit similaire, avec une préoccupation principale, celle de la mort. Si toute la période des années soixante-dix est pour Jaccottet difficile à traverser, en raison de nombreux décès, 1974 l'est plus particulièrement, avec les décès cette même année de sa mère (qu'il évoque explicitement dans la pièce 2 de la deuxième partie) et de son beau-père. Les deux premiers recueils font directement écho à ces pertes, et sont généralement qualifiés de « livres de deuil », même si *Leçons* fut composé quelques années avant, entre 1966 et 1967. *Chants d'en bas* évoque clairement la mort de la mère, avec le poème liminaire qui commence par ce vers : « Je l'ai vue droite et parée de dentelles ». *À la lumière d'hiver* reprend quant à lui ces thématiques sombres mais poignantes, cependant, Jaccottet y insuffle un vent nouveau, un air d'espoir et d'acceptation positive face à la mort, et pour cela centre sa thématique sur le motif transparent de l'hiver.

Ainsi, le poème liminaire qui sert en quelque sorte d'avant-propos au recueil évoque une parole qui perdure, au-delà de la mort, dans un ailleurs cependant intégré au monde, « peut-être plus bas, comme une eau / qui s'enfonce dans la poussière du jardin » (v. 13-14). On reconnaît là une volonté du poète de croire à la permanence de l'âme et à son intégration au monde par la nature. Cette même idée est reprise dans la première pièce de *À la lumière d'hiver*, « I » au vers 6-7 : « On bâtissait le char d'Élie avec des graines / légères, des souffles, des lueurs... » Le char d'Élie est bien sûr celui qui emmène l'habitant de la Terre vers le ciel, vers la mort. De même et plus explicitement encore dans le poème suivant : « Oui, oui, c'est vrai, j'ai vu la mort au travail » (v. 1), mais ici le poète ajoute le motif de la vieillesse à celui de la mort : « Et, sans aller chercher la mort, le temps aussi » (v. 2). Toutefois, dans ce poème comme dans les autres, quelque chose subsiste, « quelques chose n'est pas entamé par ce couteau / ou se referme après son coup comme l'eau derrière la barque » (v. 6-8). Le temps qui passe et qui fane les êtres est, comme la mort, l'un des thèmes récurrents du présent recueil, et plus généralement de la poétique de Jaccottet. On relève des allusions directes ou indirectes à ce motif dans toutes les pièces de la première partie du recueil, et dans plusieurs des pièces de la deuxième partie. La vieillesse est abordée sous son aspect négatif par Jaccottet : elle est moins synonyme de sagesse que de décrépitude, de perte de puissance, particulièrement de la parole. Toutefois, la possibilité d'un ailleurs, la figure de l'altérité universelle, permet à sa poésie de revêtir un aspect plus positif.

Ce motif de l'ailleurs, sujet de plusieurs poèmes dont, principalement, les pièces 3 et 4 de la première partie, et présent en filigrane dans les pièces de la deuxième partie, se décline en figure du « néanmoins », de « l'encore ». Ces poèmes expriment le pendant temporel de l'ailleurs, et le temps n'a alors plus cours, il accompagne le poète, le plaçant dans une sorte de dimension sans temps ni espace : « ...Je traverse / la distance transparente, et c'est le temps / même qui marche ainsi dans ce jardin, / comme il marche plus haut de toit en toit, d'étoile / en étoile, c'est la nuit même qui passe » (v. 4-7, pièce 1, « II »). Le poète cherche à créer un lieu où la distance n'est rien, et où le temps n'existe pas, où la beauté et le bonheur sont partout tout le temps, en réaction au désespoir de la vie sur Terre, et du peu d'impact de la parole du poète.

La parole justement semble être la préoccupation principale de Philippe Jaccottet dans ce recueil. L'homme, le poète, doit s'armer de patience pour que sa parole soit entendue et à la hauteur du message qu'il veut faire passer, comme il l'indique dans Dis encore cela : « Dis encore cela, patiemment, plus patiemment » (v. 1). Mais il reproche à la parole sa superficialité, son manque de substance dès le poème suivant : « Facile à dire ! Et trop facile de jongler / avec le poids des choses une fois changées en mots ! » (v. 4-5). Le poète, bien que diminué par l'impuissance de son média, persiste au vers 13 : « Et néanmoins je dis encore. » On note là la superposition des deux adverbes « néanmoins » et « encore » qui entourent le verbe de la parole, « dire », ce qui met en relief les difficultés auxquelles est confronté le poète. On remarque que souvent Jaccottet « ne sait plus les mots », « s'égare en eux », en perd la justesse ou en cherche une plus grande. Chez Jaccottet, les mots semblent impuissants à révéler ce qu'ils ne font qu'effleurer, mais servent à évoquer un monde où cela serait possible. C'est par l'imagination que le lecteur reçoit le message du poète, la parole ne sert qu'à exclure, le poète procède en quelque sorte par élimination.

Enfin, le recueil, et c'est ce qui donne son titre à l'ouvrage, évoque l'hiver. Au-delà de la symbolique classique du blanc comme élément de pureté ; la neige, le froid sont des éléments de conservation, dans une poétique où la mort n'est pas une limite, où le monde n'a pas de bornes. L'hiver pour Jaccottet est la saison de la lucidité, la nature est alors dépouillée de ses ornements ; il est plus facile de percevoir, d'observer, l'air est sec et moins surchargé. C'est pourquoi il donne ces deux vers, évocateurs de son désir de vérité et de simplicité, et qui à eux seuls définissent la démarche poétique de l'auteur dans ce recueil : « Sur tout cela maintenant je voudrais / que descende la neige, lentement » (v. 1-2, pièce 9, « II »).

ÉTUDE DU MOUVEMENT LITTÉRAIRE

L'œuvre de Philippe Jaccottet s'insère dans le grand ensemble qu'est la poésie française contemporaine, qui débute après la Seconde Guerre mondiale. Les préceptes des poètes contemporains marquent une rupture avec ceux des représentants du mouvement d'entre-deux-guerres, notamment le surréalisme, représenté par André Breton, Louis Aragon ou encore Guillaume Apollinaire. La recherche de la coexistence du rêve et de la réalité, de la fonte du rêve dans la réalité ou inversement, est le thème principal qui occupe les poètes surréalistes. Au niveau de la forme, l'écriture automatique ou l'introduction du vers libre sont caractéristiques d'une certaine rupture avec le formalisme des mouvements précédents. Les contemporains, héritiers naturels des surréalistes, ne travaillent que très peu sur la forme, car il n'existe plus de standards à ce niveau depuis leurs prédécesseurs. On note toutefois une certaine défiance envers les séductions faciles du langage imagé. Les figures d'analogie comme la comparaison ou la métaphore sont proscrites par la plupart des poètes contemporains. Il est difficile de distinguer différents mouvements dans la poésie française contemporaine, chacun effectuant un travail sur des thèmes et des concepts qui lui sont propres.

On peut cependant déterminer une volonté commune chez les poètes d'après-guerre de remettre l'homme au centre de leur travail, de « rétablir un lien entre l'homme et le monde ». En effet, les valeurs humaines ayant été bafouées à un point encore impossible à concevoir quelques années avant la guerre, certains se demandent si la poésie a encore lieu d'exister, d'où la remarque d'Adorno qui se demande s'il est légitime d' « écrire un poème après Auschwitz ».

Devant la perte de ses illusions et le renoncement au lyrisme, le poète s'attache alors à faire de l'objet du réel un sujet de la poésie. Ainsi Francis Ponge (1899-1988) fait de l'objet le plus banal et le plus insignifiant, tel un cageot ou une huître, un objet littéraire. Il donne du dynamisme à un objet inerte par la littéralité qui s'y attache. Les jeux de mots, l'étymologie, l'identité culturelle de chaque objet participent ainsi de cette littéralité et permettent de porter une attention nouvelle au signifiant, en en faisant une entité poétique à part entière. Ce jeu sur le signifiant, cette attention constante portée sur le langage, qui devient alors son propre objet, est l'apanage de nombreux poètes d'après-guerre, dont Boris Vian et Jacques Prévert par exemple.

Si les poètes contemporains s'ingénient à traiter le réel, quitte à n'obtenir que des œuvres à la portée éphémère, voire instantanée (les « poèmes-instants » de Jaccottet) et privilégient donc la forme courte, c'est pour en rendre la beauté et ainsi offrir à l'homme un nouvel espoir.

« Dans l'espace secret de notre approche de l'être, je ne crois pas que soit de poésie vraie qui ne cherche aujourd'hui, et ne veuille chercher jusqu'au dernier souffle, à fonder un nouvel espoir. » (Yves Bonnefoy)

DANS LA MÊME COLLECTION
(par ordre alphabétique)

- **Anonyme**, *La Farce de Maître Pathelin*
- **Anouilh**, *Antigone*
- **Aragon**, *Aurélien*
- **Aragon**, *Le Paysan de Paris*
- **Austen**, *Raison et Sentiments*
- **Balzac**, *Illusions perdues*
- **Balzac**, *La Femme de trente ans*
- **Balzac**, *Le Colonel Chabert*
- **Balzac**, *Le Lys dans la vallée*
- **Balzac**, *Le Père Goriot*
- **Barbey d'Aurevilly**, *L'Ensorcelée*
- **Barbey d'Aurevilly**, *Les Diaboliques*
- **Bataille**, *Ma mère*
- **Baudelaire**, *Les Fleurs du Mal*
- **Baudelaire**, *Petits poèmes en prose*
- **Beaumarchais**, *Le Barbier de Séville*
- **Beaumarchais**, *Le Mariage de Figaro*
- **Beauvoir**, *Mémoires d'une jeune fille rangée*
- **Beckett**, *En attendant Godot*
- **Beckett**, *Fin de partie*
- **Brecht**, *La Noce*
- **Brecht**, *La Résistible ascension d'Arturo Ui*
- **Brecht**, *Mère Courage et ses enfants*
- **Breton**, *Nadja*
- **Brontë**, *Jane Eyre*
- **Camus**, *L'Étranger*
- **Carroll**, *Alice au pays des merveilles*
- **Céline**, *Mort à crédit*

- **Céline**, *Voyage au bout de la nuit*
- **Chateaubriand**, *Atala*
- **Chateaubriand**, *René*
- **Chrétien de Troyes**, *Perceval*
- **Cocteau**, *La Machine infernale*
- **Cocteau**, *Les Enfants terribles*
- **Colette**, *Le Blé en herbe*
- **Corneille**, *Le Cid*
- **Crébillon fils**, *Les Égarements du cœur et de l'esprit*
- **Defoe**, *Robinson Crusoé*
- **Dickens**, *Oliver Twist*
- **Du Bellay**, *Les Regrets*
- **Dumas**, *Henri III et sa cour*
- **Duras**, *L'Amant*
- **Duras**, *La Pluie d'été*
- **Duras**, *Un barrage contre le Pacifique*
- **Flaubert**, *Bouvard et Pécuchet*
- **Flaubert**, *L'Éducation sentimentale*
- **Flaubert**, *Madame Bovary*
- **Flaubert**, *Salammbô*
- **Gary**, *La Vie devant soi*
- **Giraudoux**, *Électre*
- **Giraudoux**, *La Guerre de Troie n'aura pas lieu*
- **Gogol**, *Le Mariage*
- **Homère**, *L'Odyssée*
- **Hugo**, *Hernani*
- **Hugo**, *Les Misérables*
- **Hugo**, *Notre-Dame de Paris*
- **Huxley**, *Le Meilleur des mondes*
- **Ionesco**, *Rhinocéros*
- **James**, *Une vie à Londres*
- **Jarry**, *Ubu roi*
- **Kafka**, *La Métamorphose*

- **Kerouac**, *Sur la route*
- **Kessel**, *Le Lion*
- **La Fayette**, *La Princesse de Clèves*
- **La Fayette**, *La Princesse de Montpensier*
- **Le Clézio**, *Mondo et autres histoires*
- **Levi**, *Si c'est un homme*
- **London**, *Croc-Blanc*
- **London**, *L'Appel de la forêt*
- **Maupassant**, *Boule de suif*
- **Maupassant**, *Le Horla*
- **Maupassant**, *Une vie*
- **Molière**, *Amphitryon*
- **Molière**, *Dom Juan*
- **Molière**, *L'Avare*
- **Molière**, *Le Malade imaginaire*
- **Molière**, *Le Tartuffe*
- **Molière**, *Les Fourberies de Scapin*
- **Musset**, *Les Caprices de Marianne*
- **Musset**, *Lorenzaccio*
- **Musset**, *On ne badine pas avec l'amour*
- **Perec**, *La Disparition*
- **Perec**, *La Vie mode d'emploi*
- **Perec**, *Les Choses*
- **Perrault**, *Contes*
- **Prévert**, *Paroles*
- **Prévost**, *Manon Lescaut*
- **Proust**, *À l'ombre des jeunes filles en fleurs*
- **Proust**, *Albertine disparue*
- **Proust**, *Du côté de chez Swann*
- **Proust**, *Le Côté de Guermantes*
- **Proust**, *Le Temps retrouvé*
- **Proust**, *Sodome et Gomorrhe*
- **Proust**, *Un amour de Swann*

- **Queneau**, *Exercices de style*
- **Quignard**, *Tous les matins du monde*
- **Rabelais**, *Gargantua*
- **Rabelais**, *Pantagruel*
- **Racine**, *Andromaque*
- **Racine**, *Bérénice*
- **Racine**, *Britannicus*
- **Racine**, *Phèdre*
- **Renard**, *Poil de carotte*
- **Rimbaud**, *Une saison en enfer*
- **Sagan**, *Bonjour tristesse*
- **Saint-Exupéry**, *Le Petit Prince*
- **Sarraute**, *Enfance*
- **Sarraute**, *Tropismes*
- **Sartre**, *Huis clos*
- **Sartre**, *La Nausée*
- **Senghor**, *La Belle histoire de Leuk-le-lièvre*
- **Shakespeare**, *Roméo et Juliette*
- **Steinbeck**, *Les Raisins de la colère*
- **Stendhal**, *Le Rouge et Le Noir*
- **Stendhal**, *La Chartreuse de Parme*
- **Verlaine**, *Romances sans paroles*
- **Verne**, *Une ville flottante*
- **Verne**, *Voyage au centre de la Terre*
- **Vian**, *J'irai cracher sur vos tombes*
- **Vian**, *L'Arrache-cœur*
- **Vian**, *L'Écume des jours*
- **Voltaire**, *Candide*
- **Voltaire**, *Micromégas*
- **Zola**, *Au Bonheur des Dames*
- **Zola**, *Germinal*
- **Zola**, *L'Argent*
- **Zola**, *L'Assommoir*